# sommaire

- Beignets aux pommes ........ 6
- Billes d'amande ........ 8
- Brioche du mercredi ........ 10
- Cake marbré ........ 12
- Chaussons aux amandes ........ 14
- Chocolat chaud à la cannelle ........ 16
- Chouquettes ........ 18
- Cookies double choc ........ 20
- Crêpes ........ 22
- Croissants ........ 24
- Cupcakes vanillés ........ 26
- Éclairs au chocolat ........ 28
- Gâteau roulé ........ 30
- Gaufres ........ 32
- Langues de chat ........ 34
- Macarons à la grenadine ........ 36
- Madeleines ........ 38
- Moelleux au cœur de cerise ........ 40
- Muffins anglais ........ 42
- Pain d'épices ........ 44
- Pains au chocolat ........ 46
- Palmiers à la cannelle ........ 48
- Panna cotta au chocolat ........ 50
- Pâte à tartiner ........ 52
- Riz au lait ........ 54
- Sablés fourrés au chocolat ........ 56
- Smoothie aux agrumes ........ 58
- Spéculoos ........ 60
- Tarte au citron meringuée ........ 62
- Tarte aux pommes ........ 64

# Beignets aux pommes

**Préparation : 30 minutes • Repos : 2 heures • Cuisson : 10 minutes • Difficulté : ★★ Budget : ★**

**Pour 6 personnes**

- **5 œufs**
- **25 cl de lait**
- **15 cl de bière blonde**
- **2 sachets de sucre vanillé**
- **400 g de farine**
- **1 cuil. à café de levure chimique**
- **6 pommes**
- **Huile à frire**
- **Sucre glace**
- **Sel**

Mélangez 1 œuf entier et 4 jaunes (en conservant les blancs), ajoutez le lait, la bière, une pincée de sel et le sucre vanillé. Ajoutez la farine mélangée à la levure, en pluie et en mélangeant constamment afin d'éviter les grumeaux. Laissez la pâte reposer au minimum 2 heures à température ambiante ou une nuit au frais.

Épluchez les pommes, retirez le centre et coupez-les en rondelles.

Montez les blancs d'œufs en neige et ajoutez-les à la pâte.

Mettez à chauffer l'huile à frire.

Trempez les rondelles de pomme une à une dans la pâte, plongez-les dans le bain d'huile chaude et laissez cuire en les retournant à mi-cuisson.

Égouttez-les sur du papier absorbant.

Saupoudrez de sucre glace juste avant de servir.

# Billes d’amande

**Préparation : 20 minutes • Cuisson : 20 minutes • Difficulté : ★ Budget : ★★**

**Pour 20 biscuits**

- **2 blancs d’œufs**
- **150 g de sucre**
- **175 g de poudre d’amandes**
- **Extrait d’amande amère**

Préchauffez le four à 160 °C (th. 5-6).

Montez les blancs d’œufs en neige ferme. Ajoutez le sucre et fouettez à nouveau 2 minutes. Ajoutez délicatement la poudre d’amandes et quelques gouttes d’extrait d’amande amère à la spatule.

À l’aide d’une poche à douille, déposez des noix de pâte sur une plaque de cuisson recouverte de papier sulfurisé.

Aplatissez légèrement la surface avec un pinceau humide, puis mettez au four 20 minutes pour des billes moelleuses.

**Conseil :** pour des billes croquantes, laissez-les dans le four éteint encore 1 heure.

# Brioche du mercredi

**Préparation : 45 minutes • Repos : 2 h 45 • Cuisson : 30 minutes • Levée 1 : 1 h 30 • Levée 2 : 1 h 30**
**Difficulté : ★ Budget : ★**

**Pour une grosse brioche de 500 g**

- **12,5 cl de lait**
- **2 jaunes d'œufs**
- **45 g de beurre**
- **30 g de sucre**
- **1 cuil. à café de sel**
- **300 g de farine type 55**
- **1 cuil. à café de levure boulangère déshydratée**
- **40 g de bonbons chocolatés type Smarties**

Mettez tous les ingrédients dans la cuve de la machine à pain selon l'ordre indiqué, sauf 1 jaune d'œuf et les bonbons chocolatés.

Sélectionnez le programme « Pâte ».

À la fin du programme, versez la pâte sur un plan de travail légèrement fariné, étalez-la en un long rectangle, puis répartissez les bonbons. Roulez la pâte en un gros escargot, puis déposez-la sur une plaque de cuisson légèrement farinée ou recouverte de papier de cuisson. Laissez cette préparation reposer, recouverte d'un torchon, dans un endroit tempéré et à l'abri des courants d'air. La pâte doit doubler de volume, ce qui prend environ 1 h 30.

Préchauffez le four à 180 °C (th. 6). Avant d'enfourner, badigeonnez la brioche du jaune d'œuf dilué avec 1 cuil. à café d'eau et placez quelques bonbons dans les plis de l'escargot.

Enfournez 30 minutes en surveillant bien la coloration de la croûte.

Sortez la brioche du four et laissez-la refroidir sur une grille.

# Cake marbré

**Préparation : 30 minutes • Repos : 30 minutes • Cuisson : 40 minutes • Difficulté : ★ Budget : ★**

**Pour 6 personnes**

- **200 g de beurre**
- **200 g de sucre**
- **1 sachet de sucre vanillé**
- **5 œufs**
- **250 g de farine**
- **1 sachet de levure chimique**
- **2 cuil. à soupe de cacao en poudre**
- **Sel**

Battez le beurre en pommade avec le sucre en poudre, le sucre vanillé et une pincée de sel.

Ajoutez les œufs un à un en fouettant énergiquement entre deux.

Tamisez la farine avec la levure et ajoutez-la au mélange.

Séparez la préparation dans deux saladiers. Ajoutez le cacao dans l'un des deux.

Dans un moule à cake beurré et fariné, alternez les couches de pâte blanche et les couches de pâte au chocolat.

Laissez reposer le cake au frais 30 minutes, puis passez une lame de couteau tout le long du cake dans son milieu, comme si vous vouliez le couper en deux.

Préchauffez le four à 210 °C (th. 7).

Faites-le cuire 10 minutes, puis baissez la température du four à 180 °C (th. 6) et poursuivez la cuisson pendant 30 minutes.

Contrôlez la cuisson de votre cake en enfonçant un couteau dans son centre. Il doit ressortir sec, sinon prolongez la cuisson de 10 minutes.

# Chaussons aux amandes

**Préparation : 30 minutes • Repos : 1 heure • Cuisson : 20 minutes • Difficulté : ★ Budget : ★★**

**Pour 20 chaussons**

- **180 g de farine**
- **70 g de poudre d'amandes**
- **70 g de sucre**
- **2 sachets de sucre vanillé**
- **130 g de beurre**
- **2 jaunes d'œufs**
- **100 g de pâte d'amandes**
- **Sel**

**Pour la finition**

- **1 jaune d'œuf**

Mélangez la farine, la poudre d'amandes, le sucre, le sucre vanillé et ajoutez une pincée de sel. Ajoutez le beurre tempéré, commencez à mélanger avec une fourchette, puis ajoutez les 2 jaunes d'œufs et réunissez tous les ingrédients en boule.

Placez la pâte au frais 1 heure.

Étalez la pâte, coupez à l'aide d'un emporte-pièce cannelé des disques de pâte. Placez au centre une petite boule de pâte d'amandes. Refermez les chaussons, pressez légèrement les bords, puis badigeonnez-les de jaune d'œuf dilué avec 1 cuil. à café d'eau.

Déposez-les sur une plaque recouverte de papier de cuisson. Mettez au four 20 minutes à 180 °C (th. 6). À la sortie du four, laissez refroidir sur une grille.

# Chocolat chaud à la cannelle

**Préparation : 10 minutes • Cuisson : 25 minutes • Difficulté : ★ Budget : ★**

**Pour 4 personnes**

- **80 cl de lait**
- **20 cl de crème liquide**
- **100 g de chocolat**
- **2 cuil. à soupe de cacao en poudre**
- **2 cuil. à soupe de sucre**
- **1 cuil. à café de cannelle en poudre**

Versez le lait et la crème dans une casserole, portez à ébullition, puis ajoutez le chocolat râpé, le cacao et le sucre.

Mélangez jusqu'à ce que la préparation soit homogène, ajoutez la cannelle, puis laissez cuire sur feu doux pendant 15 minutes en remuant régulièrement et en faisant attention que le lait ne déborde pas.

Avant de servir, retirez la peau qui peut se former à la surface.

**Conseil :** vous pouvez aussi parfumer votre chocolat avec de la vanille, un zeste d'orange ou une goutte de rhum.

# Chouquettes

**Préparation : 30 minutes • Cuisson : 40 minutes • Difficulté : ★★ Budget : ★**

**Pour 40 pièces**

- **12,5 cl de lait**
- **80 g de beurre**
- **½ cuil. à café de sel**
- **150 g de farine**
- **½ cuil. à café de levure chimique**
- **4 œufs**
- **200 g de sucre perlé**

Préchauffez le four à 210 °C (th. 7).

Faites bouillir le lait et 12,5 cl d'eau avec le beurre coupé en dés et le sel. Quand le beurre a totalement fondu, ajoutez, en une seule fois, la farine et la levure hors du feu. Mélangez bien, remettez sur feu doux et mélangez pendant 1 minute pour sécher la pâte.

Versez la pâte dans le bol d'un robot et ajoutez les œufs un à un en mélangeant bien à chaque fois.

Remplissez une poche à douille lisse et faites des petits tas de 3,5 cm de diamètre sur une plaque de cuisson recouverte d'une feuille de papier sulfurisé. Rabattez les petites pointes de pâte avec le dos d'une cuillère.

Parsemez largement les choux de sucre perlé et secouez votre plaque pour qu'il adhère sur tout le tour des choux.

Mettez au four pour 30 minutes, sans ouvrir le four pendant les 20 premières minutes.

# Cookies double choc

**Préparation : 30 minutes • Repos : 35 minutes • Cuisson : 30 minutes • Difficulté : ★ Budget : ★**

**Pour 20 cookies**

- **100 g de chocolat noir à 70 % de cacao**
- **70 g de beurre**
- **1 œuf**
- **70 g de pépites de chocolat (grosses)**
- **100 g de sucre**
- **120 g de farine**
- **1 cuil. à soupe de cacao en poudre**
- **½ cuil. à café de levure chimique**
- **½ cuil. à café de bicarbonate de soude**
- **Sel**

Faites fondre les 100 g de chocolat noir au bain-marie. Lorsqu'il est totalement fondu, ajoutez le beurre. Laissez tiédir.

Ajoutez l'œuf battu en omelette, puis le restant des ingrédients. Mélangez jusqu'à l'obtention d'une pâte homogène. Placez le tout 15 minutes au réfrigérateur.

Préchauffez le four à 140 °C (th. 4-5).

Formez une vingtaine de petites boules que vous déposerez sur une plaque de cuisson recouverte de papier sulfurisé. Espacez-les bien car elles vont s'étaler à la cuisson. Inutile de les écraser.

Placez la plaque dans le four 20 minutes. Faites cuire les cookies 25 minutes. Attendez leur refroidissement complet pour les retirer de la plaque.

**Conseil :** conservez vos cookies dans une boîte métallique pendant une semaine, s'ils durent jusque-là !

# Crêpes

**Préparation : 15 minutes • Repos : 1 heure • Cuisson : 20 minutes • Difficulté : ★ Budget : ★**

**Pour 6 personnes**

- **500 g de farine**
- **5 œufs**
- **3 cuil. à soupe de sucre**
- **70 cl de lait**
- **2 cuil. à soupe de rhum**
- **80 g de beurre**
- **Sel**

Dans un saladier, mélangez la farine, les œufs, le sucre et une pincée de sel. Ajoutez un peu de lait pour obtenir une pâte bien lisse, puis incorporez petit à petit le restant de lait et le rhum.

Faites fondre le beurre et ajoutez-le au mélange.

Couvrez et laissez reposer 1 heure.

Faites cuire les crêpes dans une poêle très chaude avec une noisette de beurre et servez-les accompagnées de vergeoise brune, de sucre, de chocolat ou de confiture.

# Croissants

**Préparation : 30 minutes • Repos : 6 heures • Cuisson : 20 minutes • Difficulté : ★★★ Budget : ★**

**Pour 8 croissants**

- **1 cuil. à café de sel**
- **160 g de beurre**
- **30 g de sucre**
- **300 g de farine blanche**
- **1,5 cuil. à café de levure boulangère déshydratée**

**Pour la dorure**
- **1 jaune d'œuf**
- **2 cuil. à café de lait**

Mettez 20 cl d'eau et tous les ingrédients, sauf 150 g de beurre, dans la cuve de la machine à pain, selon l'ordre de la liste. Sélectionnez un programme « Pâte ». À la fin du programme, versez la pâte sur un plan fariné. Formez une boule que vous laisserez reposer 2 heures au réfrigérateur dans un saladier recouvert de film alimentaire.

Puis étalez la pâte sur un plan fariné en un rectangle d'environ 40 x 20 cm, 2 fois plus épais au centre. Déposez 150 g de beurre tempéré au centre en un rectangle. Rabattez chacun des 2 côtés de la pâte sur le beurre (comme un portefeuille). Soudez les bords. Tournez la pâte d'un quart de tour, puis étalez-la en commençant par des pressions avec le rouleau.

Roulez en un grand rectangle. Pliez la pâte en 4, en ramenant chaque extrémité sur la ligne centrale. Pliez à nouveau en 2. Placez au frais 30 minutes. Renouvelez l'opération 3 fois. Étalez la pâte sur 5 mm d'épaisseur et découpez 8 triangles de 10 cm de base sur 16 cm de hauteur. Entaillez le centre de la base sur 1 cm en hauteur, puis roulez la pâte en commençant par la base.

Placez-les sur une plaque recouverte d'une feuille de cuisson, de façon à ce que la petite pointe soit sous le croissant et donnez-leur une forme de demi-lune. Espacez-les suffisamment. Laissez lever 2 heures dans un endroit tempéré et à l'abri des courants d'air.

Chauffez le four à 240 °C (th. 8). Badigeonnez les croissants d'un jaune d'œuf dilué avec 2 cuil. à café de lait et mettez au four pour 20 minutes. Laissez refroidir sur une grille.

# Cupcakes vanillés

**Préparation : 40 minutes • Cuisson : 20 minutes • Difficulté : ★ Budget : ★**

**Pour 6 cupcakes**

- **180 g de farine**
- **100 g de sucre**
- **2 sachets de sucre vanillé**
- **½ cuil. à café de levure chimique**
- **1 gousse de vanille**
- **80 g de beurre**
- **1 œuf**
- **6 cl de lait**
- **Sel**

**Pour la crème**

- **60 g de beurre**
- **110 g de sucre glace**
- **2 cuil. à soupe de crème anglaise**
- **1 cuil. à café d'extrait de vanille liquide**

**Pour la déco**

- **120 g de pâte d'amandes rose**
- **Sucre glace**
- **Perles de sucre**

Préchauffez le four à 180 °C (th. 6).

Mélangez la farine, les sucres, la levure, les graines de la gousse de vanille et une pincée de sel. Ajoutez le beurre en pommade et mélangez au batteur. Incorporez l'œuf, puis le lait. Fouettez jusqu'à l'obtention d'une pâte homogène.

Versez la pâte dans 6 moules à muffin garnis d'une caissette en papier et mettez au four pour 20 minutes, puis laissez refroidir sur une grille.

Préparez la crème. Fouettez le beurre en pommade, puis ajoutez petit à petit le sucre glace jusqu'à ce que la crème blanchisse et devienne onctueuse. Ajoutez la crème anglaise et la vanille, puis battez afin d'homogénéiser la crème. Garnissez les cupcakes de crème.

Étalez la pâte d'amandes sur un plan de travail recouvert d'une fine couche de sucre glace, découpez des disques à l'emporte-pièce, puis créez des motifs et placez la pâte sur la crème. Avec le restant de pâte, découpez des petites fleurs que vous décorerez de perles de sucre.

**Conseil :** comme il faut peu de crème anglaise, utilisez une crème prête à l'emploi.

# Éclairs au chocolat

**Préparation : 45 minutes • Repos : 30 minutes • Cuisson : 55 minutes • Difficulté : ★★ Budget : ★**

**Pour 6 personnes**

**Pour la crème**

- **60 cl de lait**
- **150 g de sucre**
- **4 jaunes d'œufs**
- **40 g de Maïzena**
- **100 g de chocolat**

**Pour les choux**

- **12,5 cl de lait**
- **80 g de beurre**
- **½ cuil. à café de sel**
- **150 g de farine**
- **4 œufs**
- **1 jaune d'œuf**

**Pour le glaçage**

- **10 cl de crème liquide entière**
- **100 g de chocolat noir**

Préparez la crème : chauffez le lait avec la moitié du sucre. Fouettez les jaunes d'œufs et le reste de sucre, puis ajoutez la Maïzena. Versez le lait chaud sur les œufs et remettez le tout à épaissir à feu doux. Ajoutez le chocolat et mélangez jusqu'à ce qu'il soit totalement fondu. Filmez au contact et laissez refroidir.

Préchauffez le four à 210 °C (th. 7). Préparez les choux : faites bouillir le lait et 12,5 cl d'eau avec le beurre coupé en dés et le sel. Quand le beurre a fondu, ajoutez en une seule fois la farine, hors du feu. Mélangez bien, remettez sur feu doux et mélangez pendant 1 minute pour sécher la pâte. Versez la pâte dans le bol d'un robot et ajoutez les œufs un à un en mélangeant bien à chaque fois.

À l'aide d'une poche à douille, formez 12 éclairs sur une plaque de cuisson recouverte de papier sulfurisé. Badigeonnez-les de jaune d'œuf dilué dans 2 cuil. à café d'eau. Mettez-les à cuire 20 à 30 minutes, sans jamais ouvrir le four (surtout pendant les 15 premières minutes). Garnissez les éclairs en les perforant par le dessous en trois endroits (au milieu et sur les côtés). Placez-les au frais 30 minutes.

Préparez le glaçage : choisissez un saladier où l'on pourra tremper les éclairs. Faites bouillir la crème et versez-la en trois fois sur le chocolat râpé en mélangeant bien. Sortez les éclairs du réfrigérateur, trempez-les dans le glaçage et laissez s'écouler l'excès en les maintenant à la verticale, puis déposez-les sur un plat.

# Gâteau roulé

**Préparation : 20 minutes • Repos : 25 minutes • Cuisson : 15 minutes • Difficulté : ★★ Budget : ★**

**Pour 8 personnes**

- **4 œufs**
- **120 g de sucre**
- **120 g de farine**
- **Confiture de fraises**

Préchauffez le four à 180 °C (th. 6).

Préparez la génoise : battez les œufs et le sucre au fouet électrique avec 3 cuil. à soupe d'eau chaude, jusqu'à ce que le mélange blanchisse et double de volume. Ajoutez la farine délicatement en soulevant la masse.

Versez la pâte sur une plaque de cuisson recouverte de papier sulfurisé ou en silicone. Faites cuire au four 12 à 15 minutes : la génoise doit rester très souple et surtout ne pas trop cuire.

Démoulez la génoise 5 minutes après l'avoir sortie du four sur une feuille de papier sulfurisé.

Dès que le gâteau a refroidi, étalez la confiture, puis roulez-le.

Maintenez le roulé bien serré avec du film alimentaire (puis du papier sulfurisé) et placez-le au réfrigérateur.

Au moment de servir, coupez le gâteau en tranches de 2 cm d'épaisseur.

**Conseil :** vous pouvez remplacer la confiture par de la pâte à tartiner, de la crème pâtissière ou au beurre.

# Gaufres

**Préparation : 20 minutes • Repos : 2 h 15 • Cuisson : 30 minutes • Difficulté : ★ Budget : ★**

**Pour 6 personnes**

- **1 sachet de levure chimique**
- **25 cl de lait**
- **250 g de farine**
- **2 sachets de sucre vanillé**
- **3 œufs**
- **150 g de beurre**
- **Sucre glace**
- **Sel**

Dans un bol, diluez la levure dans un peu de lait tiédi et laissez reposer 15 minutes.

Dans un saladier, mélangez la farine, le sucre, une pincée de sel, les œufs et la levure. Ajoutez le lait et 12,5 cl d'eau petit à petit, afin d'obtenir une pâte lisse et homogène. Terminez en ajoutant le beurre fondu. Laissez la pâte reposer pendant 2 heures.

Faites chauffer le gaufrier : beurrez les plaques à l'aide d'un pinceau, versez la pâte à l'aide d'une petite louche et laissez cuire les gaufres pendant 4 à 5 minutes jusqu'à l'obtention d'une belle couleur dorée.

Saupoudrez de sucre glace et dégustez les gaufres chaudes et croquantes.

# Langues de chat

**Préparation : 15 minutes • Cuisson : 10 minutes • Difficulté : ★ Budget : ★**

**Pour 6 personnes**

- **70 g de beurre**
- **60 g de sucre glace**
- **1 œuf**
- **70 g de farine**

Travaillez le beurre en pommade à la fourchette avec le sucre glace. Ajoutez l'œuf, puis la farine et mélangez jusqu'à l'obtention d'une pâte homogène et souple.

Remplissez une poche à douille de cette pâte et déposez des bandes de pâte sur une plaque de cuisson recouverte de papier sulfurisé. Espacez-les bien car la pâte va s'étaler à la cuisson.

Mettez au four 10 minutes à 190 °C (th. 6-7). Les biscuits doivent être dorés sur les bords. Laissez-les refroidir sur la plaque avant de déguster.

# Macarons à la grenadine

**Préparation : 1 heure • Repos : 24 heures • Cuisson : 14 minutes • Difficulté : ★★ Budget : ★**

**Pour 30 macarons**

- **100 g de sucre glace**
- **100 g de poudre d'amandes**
- **3 blancs d'œufs**
- **25 g de sucre**
- **Colorant rouge**
- **Confettis de sucre**

**Pour la crème**

- **100 g de beurre**
- **40 g de purée de fraises**
- **50 g de sirop de grenadine**

Mixez le sucre glace et la poudre d'amandes pour obtenir une poudre très fine. Montez les blancs d'œufs en neige avec une pincée de sucre. Quand le mélange commence à mousser, ajoutez 20 g de sucre et fouettez jusqu'à obtenir des blancs d'œufs très denses qui forment une pointe quand on soulève le fouet. Ajoutez une pointe de colorant rouge à la préparation.

Versez le mélange de poudre d'amandes et de sucre glace sur les blancs d'œufs et mélangez (« macaronnez ») en soulevant la masse à l'aide d'une spatule en caoutchouc et en raclant bien les bords et le fond. Continuez jusqu'à obtenir une pâte très fine sans pour autant qu'elle ne devienne liquide.

Remplissez une poche munie d'une douille de 8 mm et, sur une plaque recouverte de papier sulfurisé, formez des petits tas de 3 à 3,5 cm de diamètre. Ils ne doivent pas conserver leur pointe.

Placez quelques confettis de sucre sur les coques avant de les mettre au four. Placez-les au four pendant 12 à 14 minutes à 150 °C (th. 5).

Sortez les macarons du four et laissez-les refroidir avant de les décoller.

Battez le beurre en pommade et ajoutez petit à petit la purée de fraises et le sirop de grenadine jusqu'à l'obtention d'une crème onctueuse. Garnissez les macarons à l'aide d'une poche à douille et réservez 24 heures au frais.

# Madeleines

**Préparation : 15 minutes • Repos : 2 heures • Cuisson : 17 minutes • Difficulté : ★ Budget : ★**

**Pour 6 personnes**

- **3 œufs**
- **120 g de sucre**
- **130 g de farine**
- **½ sachet de levure chimique**
- **Le zeste de 1 citron non traité**
- **120 g de beurre**
- **Sel**

Fouettez les œufs avec le sucre jusqu'à ce que le mélange blanchisse. Incorporez la farine et la levure tamisées, une pincée de sel et le zeste de citron.

Faites fondre le beurre et ajoutez-le au mélange. Laissez reposer 2 heures au frais.

Préchauffez le four à 210 °C (th. 7).

Remplissez de pâte un moule à madeleines largement beurré et faites cuire 10 à 12 minutes.

**Conseil :** vous pouvez aromatiser vos madeleines avec du miel, de la fleur d'oranger, du chocolat ou encore de la vanille…

# Moelleux au cœur de cerise

**Préparation : 15 minutes • Cuisson : 15 minutes • Congélation : 2 heures • Difficulté : ★ Budget : ★★**

**Pour 6 personnes**

**Pour le cœur**

- **6 chocolats Mon chéri**

**Pour les moelleux**

- **200 g de chocolat noir**
- **150 g de beurre**
- **150 g de sucre**
- **4 œufs**
- **75 g de farine**

Placez les chocolats au congélateur 2 heures.

Faites fondre le chocolat noir au bain-marie ou au micro-ondes avec le beurre.

Ajoutez le sucre, les œufs battus en omelette et la farine.

Versez la pâte dans des ramequins préalablement beurrés et farinés ou dans 6 empreintes à muffin en silicone. Placez 1 chocolat au centre, puis mettez au four pour 10 minutes à 210 °C (th. 7).

À la sortie du four, attendez 5 minutes et dégustez aussitôt.

# Muffins anglais

**Préparation : 15 minutes • Repos : 3 heures • Cuisson : 20 minutes • Levée 1 : 1 h 30 • Levée 2 : 1 h 30**
**Difficulté : ★ Budget : ★**

**Pour 12 muffins**

- **2 cuil. à café de levure boulangère déshydratée**
- **1 cuil. à café de sucre**
- **30 cl de lait**
- **1 cuil. à café de sel**
- **500 g de farine**

Mélangez la levure, le sucre et 10 cl de lait tiède. Placez le mélange dans la cuve de la machine à pain, fermez et laissez reposer 30 minutes. Ajoutez ensuite le reste des ingrédients et sélectionnez le programme « Pâte ».

À la fin du programme, mettez la pâte sur un plan de travail fariné et étalez-la sur 1 cm d'épaisseur. À l'aide d'un emporte-pièce, découpez des disques de pâte de 8 cm de diamètre environ. Déposez ceux-ci sur une plaque de cuisson légèrement farinée ou recouverte de papier de cuisson.

Laissez-les reposer, recouverts d'un torchon, dans un endroit tempéré et à l'abri des courants d'air. La pâte doit doubler de volume, ce qui prend environ 30 minutes.

Chauffez une poêle antiadhésive, sans matière grasse, et faites cuire les muffins 8 minutes sur chaque face. Au cours de la cuisson, aplatissez-les à l'aide d'une spatule.

Laissez-les refroidir sur une grille.

# Pain d'épices

**Préparation : 10 minutes • Cuisson : 1 h 20 • Difficulté : ★ Budget : ★★**

**Pour un pain de 750 g**

- **20 cl de lait**
- **250 g de miel**
- **60 g de sucre roux**
- **1 cuil. à café de bicarbonate de soude**
- **250 g de farine**
- **½ cuil. à café de quatre-épices**
- **½ cuil. à café de gingembre en poudre**

Placez tous les ingrédients dans la cuve de la machine à pain selon l'ordre indiqué. Sélectionnez le programme « Cake » ou « Gâteau », puis le poids et la coloration de la croûte.

Si votre machine ne propose pas le programme « Cake », sélectionnez le programme « Pain rapide » et, au bout de 15 minutes, lorsque la pâte est bien homogène (mais assez liquide), arrêtez ce programme et actionnez la fonction « Cuisson ».

**Conseil :** lorsque vous effectuerez votre premier pain d'épices à la machine à pain, restez vigilant quant à la cuisson et contrôlez à l'aide d'un couteau qu'il est bien cuit (le couteau doit ressortir sec). Sinon, relancez le programme « Cuisson » jusqu'à ce qu'il soit bien cuit. Au contraire, n'hésitez pas à interrompre le programme 10 minutes avant la fin, si la cuisson vous semble trop longue ou la croûte trop brune.

# Pains au chocolat

**Préparation : 30 minutes • Repos : 6 h 20 • Cuisson : 20 minutes • Difficulté : ★★★ Budget : ★★**

**Pour 8 petits pains**

- **20 cl de lait**
- **1 cuil. à café de sel**
- **160 g de beurre**
- **30 g de sucre**
- **400 g de farine blanche**
- **1,5 cuil. à café de levure boulangère déshydratée**
- **8 barres de chocolat**

**Pour la dorure**

- **1 jaune d'œuf**
- **2 cuil. à café de lait**

Mettez tous les ingrédients dans la cuve de la machine à pain selon l'ordre de la liste, sauf 150 g de beurre de feuilletage et le chocolat. Sélectionnez un programme « Pâte ». À la fin du programme, mettez la pâte sur un plan de travail fariné, formez une boule que vous laisserez reposer 2 heures au réfrigérateur, dans un saladier recouvert de film alimentaire.

Le temps de repos écoulé, étalez la pâte sur un plan de travail fariné en un grand rectangle d'environ 40 x 20 cm. Déposez les 150 g de beurre tempéré au centre en un rectangle 3 fois plus petit. Rabattez chaque côté de pâte sur le beurre (comme un portefeuille). Soudez les bords par une pression des doigts.

Placez la pâte 20 minutes au frais.

Déposez la pâte sur le plan de travail, ouverture à droite, et étalez-la en un grand rectangle. Pliez-la à nouveau en 3 et replacez au frais 30 minutes. Renouvelez l'opération 3 fois. Étalez la pâte et découpez 8 rectangles d'environ 8 x 10 cm. Déposez une barre de chocolat aux deux tiers du rectangle et rabattez les côtés comme pour le feuilletage.

Placez les petits pains sur une plaque recouverte d'une feuille de cuisson, bien espacés et en plaçant la soudure au-dessous. Laissez lever 2 heures dans un lieu tempéré à l'abri des courants d'air.

Chauffez le four à 210 °C (th. 7). Badigeonnez les petits pains d'un jaune d'œuf dilué avec 2 cuil. à café de lait. Mettez au four 20 minutes. Laissez refroidir sur une grille.

# Palmiers à la cannelle

**Préparation : 20 minutes • Cuisson : 20 minutes • Difficulté : ★★ Budget : ★**

**Pour 30 petits palmiers**

- **300 g de pâte feuilletée**
- **60 g de sucre cristal**
- **1 sachet de sucre vanillé**
- **1 cuil. à café de cannelle en poudre**

Préchauffez le four à 200 °C (th. 6-7).

Étalez la pâte feuilletée bien froide, en un long rectangle de 15 x 30 cm, sur un plan de travail légèrement fariné.

Mélangez 50 g de sucre, le sucre vanillé et la cannelle et saupoudrez toute la superficie de la pâte, puis roulez les côtés, dans le sens de la longueur, vers le milieu, de façon symétrique. Coupez ensuite des tronçons de 0,5 cm d'épaisseur.

Placez les palmiers sur une plaque de cuisson recouverte de papier sulfurisé, en les espaçant car ils vont se développer à la cuisson, saupoudrez-les d'un peu de sucre, puis replacez une seconde feuille de papier sulfurisé et une autre plaque.

Mettez au four 15 minutes.

Retirez la plaque et la feuille de cuisson du dessus et laissez cuire encore 5 minutes jusqu'à ce que les palmiers soient bien dorés et caramélisés.

À la sortie du four, laissez refroidir sur une grille.

# Panna cotta au chocolat

**Préparation : 15 minutes • Repos : 4 h 15 • Cuisson : 10 minutes • Difficulté : ★ Budget : ★**

**Pour 6 personnes**

- **3 feuilles de gélatine**
- **30 cl de crème liquide**
- **20 cl de lait**
- **80 g de sucre**
- **100 g de chocolat noir**

Faites ramollir la gélatine dans de l'eau froide.

Mettez la crème, le lait et le sucre dans une casserole et portez à ébullition. Ajoutez le chocolat râpé et mélangez jusqu'à ce qu'il soit totalement fondu, puis ajoutez la gélatine ramollie et essorée.

Versez la préparation dans des verrines, laissez refroidir, puis placez au frais 4 heures au minimum.

# Pâte à tartiner

**Préparation : 20 minutes • Cuisson : 5 minutes • Difficulté : ★ Budget : ★**

**Pour 1 pot**

- **50 g de noisettes**
- **2 cuil. à soupe d'huile de noisette**
- **100 g de confiture de lait**
- **50 g de chocolat noir**
- **50 g de chocolat au lait**

Mixez finement les noisettes, puis ajoutez l'huile et mixez jusqu'à l'obtention d'une pâte. Mélangez cette pâte à la confiture de lait.

Au bain-marie, faites fondre les deux chocolats et lorsqu'ils sont parfaitement fondus, ajoutez-les au précédent mélange. Mélangez afin d'obtenir une pâte homogène.

Versez-la dans un bocal, fermez-le bien et conservez-le dans un endroit tempéré frais, mais évitez le réfrigérateur sinon la pâte sera difficile à étaler.

**Conseil :** vous pouvez utiliser de la pâte de noisettes directement, en vente dans les épiceries bio.

# Riz au lait

**Préparation : 10 minutes • Repos : 15 minutes • Cuisson : 40 minutes • Difficulté : ★ Budget : ★**

**Pour 6 personnes**

- **250 g de riz rond**
- **1 l de lait**
- **1 gousse de vanille**
- **150 g de sucre**

Plongez le riz dans une grande quantité d'eau bouillante, laissez cuire 5 minutes, puis égouttez-le.

Versez le lait dans la casserole, ajoutez le riz et la gousse de vanille et faites cuire 20 minutes à feu doux en mélangeant régulièrement. Laissez cuire jusqu'à ce que le riz soit fondant.

Versez le sucre dans le riz et laissez cuire encore 5 minutes, puis retirez la casserole du feu. Couvrez-la et laissez reposer 15 minutes.

Retirez la gousse de vanille. Répartissez le riz dans des coupes et réservez au frais avant de servir.

**Conseil :** vous pouvez servir le riz au lait avec des fruits frais ou au sirop, du caramel ou une sauce au chocolat.

# Sablés fourrés au chocolat

**Préparation : 40 minutes • Repos : 1 heure • Cuisson : 12 minutes • Difficulté : ★ Budget : ★**

**Pour 15 sablés**

- **200 g de farine**
- **50 g de poudre d'amandes**
- **150 g de sucre**
- **1 sachet de sucre vanillé**
- **125 g de beurre**
- **1 œuf**
- **1 pot de pâte à tartiner au chocolat**
- **Sel**

Mélangez la farine, la poudre d'amandes, le sucre, le sucre vanillé et une pincée de sel.

Ajoutez le beurre tempéré coupé en dés et travaillez la pâte à l'aide d'une fourchette, pour former un gros sable.

Ajoutez l'œuf battu et pétrissez jusqu'à l'obtention d'une pâte homogène.

Enveloppez la pâte dans du film alimentaire et réservez au frais pendant au minimum 1 heure.

Étalez la pâte sur un plan de travail fariné, découpez des disques de pâte à l'aide d'un emporte-pièce. Placez 1 cuil. à café de pâte à tartiner au centre de la moitié des disques, puis couvrez d'un second disque. Pressez les bords pour les souder, puis placez les sablés sur une plaque de cuisson recouverte de papier sulfurisé.

Mettez les sablés à cuire 12 minutes à 180 °C (th. 6).

À la sortie du four, laissez les sablés refroidir sur la plaque, puis conservez-les dans une boîte métallique.

# Smoothie aux agrumes

**Préparation : 20 minutes • Difficulté : ★ Budget : ★**

**Pour 2 personnes**

- **1 pamplemousse rose**
- **1 orange**
- **2 clémentines**
- **2 boules de sorbet au citron**

Épluchez le pamplemousse, ainsi que l'orange à vif et retirez toutes les petites peaux blanches. Ôtez les pépins.

Placez la pulpe des fruits dans le blender avec le jus des clémentines, puis ajoutez le sorbet.

Mixez le tout jusqu'à l'obtention d'un mélange homogène et servez.

# Spéculoos

**Préparation : 20 minutes • Repos : 1 h 10 • Cuisson : 10 minutes • Difficulté : ★ Budget : ★**

**Pour 30 biscuits**

- **250 g de farine**
- **150 g de vergeoise brune (ou cassonade)**
- **½ cuil. à café de bicarbonate de soude**
- **1 cuil. à café de quatre-épices**
- **125 g de beurre**
- **1 jaune d'œuf**
- **4 cuil. à soupe de lait**
- **Sel**

Mélangez la farine, la vergeoise, une pincée de sel, le bicarbonate et le quatre-épices.

Ajoutez le beurre en pommade et commencez à travailler le tout à la fourchette. Ajoutez le jaune d'œuf et le lait petit à petit jusqu'à l'obtention d'une pâte homogène et souple.

Enveloppez la pâte dans un film alimentaire et laissez reposer 1 heure au frais.

Étalez la pâte sur un plan de travail légèrement fariné et découpez-la à l'aide d'un emporte-pièce. Placez les formes sur une plaque de cuisson recouverte d'une feuille de papier sulfurisé. Replacez la plaque au réfrigérateur pendant que le four monte en température.

Mettez les biscuits à cuire 10 minutes à 180 °C (th. 6).

Laissez-les refroidir complètement avant de les décoller de la plaque.

Conservez-les dans une boîte hermétique.

# Tarte au citron meringuée

**Préparation : 1 heure • Repos : 1 h 30 • Cuisson : 26 minutes • Difficulté : ★★ Budget : ★**

**Pour 6 personnes**

**Pour la pâte sablée**

- 250 g de farine
- 80 g de sucre glace
- 1 sachet de sucre vanillé
- 30 g de poudre d'amandes
- 125 g de beurre
- 1 jaune d'œuf
- Sel

**Pour la crème de citrons**

- 2 citrons non traités
- 100 g de sucre
- 3 jaunes d'œufs
- 1 cuil. à soupe de Maïzena
- 50 g de beurre

**Pour la meringue**

- 3 blancs d'œufs
- 150 g de sucre glace

Préparez la pâte sablée : mélangez la farine, les sucres, la poudre d'amandes et une pincée de sel. Faites un puits et placez au centre le beurre tempéré coupé en dés, ainsi que le jaune d'œuf. Pétrissez jusqu'à ce que la pâte forme une boule homogène. Laissez reposer la pâte au moins 30 minutes au frais, enveloppée dans du film alimentaire.

Préchauffez le four à 180 °C (th. 6). Étalez la pâte grossièrement avec la paume de la main sur une feuille de papier sulfurisé, puis au rouleau en le farinant légèrement ou en plaçant une autre feuille de papier sulfurisé.

Retournez le tout sur un moule à tarte de 24 cm de diamètre, foncez-le, puis retirez le papier. À l'aide d'un couteau, coupez l'excès de pâte, piquez à la fourchette et remettez le plat au frais pour 1 heure. Placez ensuite une feuille de papier sulfurisé sur le fond de tarte et remplissez-le de légumes secs. Mettez au four 15 minutes.

Pendant ce temps, versez dans une casserole le jus des citrons ainsi que leur zeste, le sucre, les jaunes d'œufs et la Maïzena. Faites épaissir au bain-marie en mélangeant constamment. Hors du feu, ajoutez le beurre. Versez cette crème dans le fond de tarte précuit et replacez au four 10 minutes.

Battez les blancs d'œufs en neige. Lorsqu'ils commencent à mousser, ajoutez le sucre et continuez de battre jusqu'à l'obtention d'une meringue compacte et brillante. À l'aide d'une poche à douille, placez la meringue sur la tarte et caramélisez-la à l'aide d'un chalumeau. Placez au frais jusqu'au moment de servir.

# Tarte aux pommes

**Préparation : 30 minutes • Repos : 1 h 30 • Cuisson : 45 minutes • Difficulté : ★★ Budget : ★**

**Pour 6 personnes**

**Pour la pâte sablée**

- 250 g de farine
- 80 g de sucre glace
- 1 sachet de sucre vanillé
- 30 g de poudre d'amandes
- 125 g de beurre
- 1 jaune d'œuf
- Sel

**Pour la crème**

- 40 cl de lait
- 1 gousse de vanille
- 4 jaunes d'œufs
- 100 g de sucre
- 30 g de Maïzena

**Pour la garniture**

- 4 pommes
- 1 sachet de sucre vanillé
- 2 cuil. à soupe de gelée de pommes

Préparez la pâte sablée : mélangez la farine, les sucres, la poudre d'amandes et une pincée de sel. Faites un puits et placez au centre le beurre tempéré coupé en dés et le jaune d'œuf. Pétrissez jusqu'à ce que la pâte forme une boule homogène. Laissez reposer la pâte 30 minutes au minimum au frais, enveloppée dans du film alimentaire.

Préparez la crème : dans une casserole, portez à ébullition le lait avec la vanille. Dans un saladier, fouettez les jaunes et le sucre jusqu'à ce que le mélange blanchisse, puis ajoutez la Maïzena. Versez le lait bouillant sur les jaunes d'œufs, puis remettez le tout dans la casserole et faites cuire sur feu doux jusqu'à épaississement. Mettez la crème dans un saladier et filmez-la au contact pour éviter la formation d'une peau à la surface. Laissez refroidir.

Étalez la pâte grossièrement avec la paume de la main sur une feuille de papier sulfurisé, puis au rouleau en le farinant légèrement. Retournez le tout sur un moule à tarte de 24 cm de diamètre, foncez-le, puis retirez le papier. À l'aide d'un couteau, coupez l'excès de pâte, piquez à la fourchette et remettez le plat au frais 1 heure.

Préchauffez le four à 210 °C (th. 7). Épluchez et coupez les pommes en fines lamelles. Étalez la crème pâtissière en fine couche sur la pâte, puis placez les pommes en lamelles. Saupoudrez de sucre vanillé et mettez au four 30 minutes.

À la sortie du four, badigeonnez les pommes de gelée et laissez refroidir avant de démouler.